Per Anaëlle e per tutti i bambini,
sia quelli osservatori
che quelli contemplativi.
N. B.

Grazie a Fred e Paul Antoine,
per il loro prezioso aiuto.
E. B.

L'agenzia OKIDOKID ha contribuito con la sua creatività alla realizzazione di questo libro.

Titolo dell'opera originale: L'oeil du detective. Aux 4 coins du monde (© Assimil France 2020)

L'edizione italiana è stata tradotta e adattata a cura di
Assimil Italia
C.P. 80 – Chivasso Centro
10034 Chivasso (TO)
www.assimil.it
© Assimil Italia 2020
ISBN: 978-88-85695-32-0

Stampato in Romania da Tipografia Real, Bucarest – Luglio 2020

16 CASI DA RISOLVERE
PER IMPARARE L'INGLESE
GIOCANDO

L'Occhio
del
detective
Ai 4 angoli
del mondo
Norédine Benazdia
Élodie Balandras

assimil
KIDS &TEENS

Panico a Buckingham Palace

NEED SOME HELP?

bearskin

knee

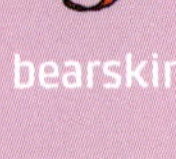
key

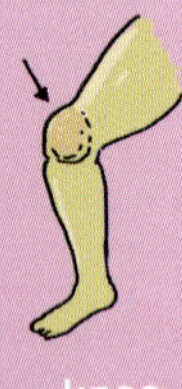
gate

trumpet

gloves

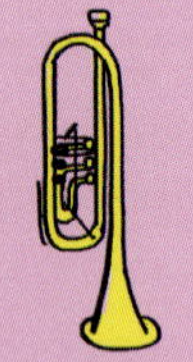
magpie

nest

Welcome to London! Oggi sei in cammino verso Buckingam Palace, il palazzo dove vivono i reali d'Inghilterra quando si trovano a Londra, ma devi sbrigarti, se non vuoi perderti il cambio della guardia! Le guardie reali portano degli strani cappelli in pelle d'orso. Guarda... cosa sta succedendo? La strada è una baraonda! Le guardie corrono da tutte le parti e hanno l'aria di cercare qualcosa, ma che cosa di preciso?

Trova più in fretta possibile il comandante delle guardie per capire che cosa stia succedendo. Uno dei soldati te lo descrive così:

"He has lost his bearskin. He does not have a musical instrument. He is on his knees."

L'hai trovato! Ecco la sua spiegazione:

"The gate is locked. We do not have the key. We have lost it."

Bisogna assolutamente aiutarlo, altrimenti il cambio della guardia non potrà avvenire! Trova subito Duncan, il responsabile della chiave. Lo vedi?

Duncan has a trumpet.
Duncan is not wearing gloves.

Duncan ti spiega che ha dato la chiave al suo amico Bran, che voleva uscire per andare a prendere qualcosa da mangiare. Quindi lo puoi riconoscere facilmente:

Bran is eating a hot dog.

Bran ti spiega che, tornando, ha chiuso il cancello e ha posato la chiave accanto a lui, ma che poi è sparita. Se la cerchi bene, puoi trovarla. Un'anziana signora ha visto tutto e ti spiega che:

"A magpie took the key. The key is in a nest."

Complimenti! Hai appena risolto la tua prima indagine e le guardie possono finalmente aprire il cancello. Spazio alla musica e al cambio della guardia.

Un **rapimento** alla **tour Eiffel**

collar

shirt

backpack

fair hair

sunglasses

shoes

white

balloon

pigeon

dog

cap

bench

Eiffel Tower

Ah, la tour Eiffel! Ne hai sentito così tanto parlare! Finalmente ai suoi piedi, stai per iniziare a salirci: tra poco potrai sfiorare le nuvole e ammirare tutta Parigi dall'alto. Ma, all'improvviso, una turista affannata ti si avvicina urlando:

"Help! Help! Kate has disappeared! She is wearing a diamond collar! Help me!"

La signora ha visto bene il rapitore e te lo descrive con precisione:

"The kidnapper is wearing a blue shirt and a backpack. He has fair hair. He is climbing the stairs."

Trovato!

Il rapitore ha appena confessato, ma ha avuto il tempo di affidare Kate alla sua complice. Ecco come potrai riconoscerla:

She is wearing sunglasses. Her shoes are white. She likes Eiffel Tower balloons.

L'hai trovata? Ben fatto! Nel frattempo, Kate è riuscita a scappare ma non dovrebbe essere molto lontana. Bisogna cercarla.

Kate is running after a pigeon. Surprise! Kate is a dog!

E la collana dov'è? È caduta e un ragazzo l'ha trovata! La vedi?

His cap is green. He is sitting on a bench in front of the Eiffel Tower.

Se hai individuato il rapitore e la sua complice, ritrovato Kate e la sua collana di diamanti, puoi finalmente salire sulla torre. Coraggio, sono 1665 scalini, ma la vista dall'alto vale di certo lo sforzo!

PARIS
ROCK

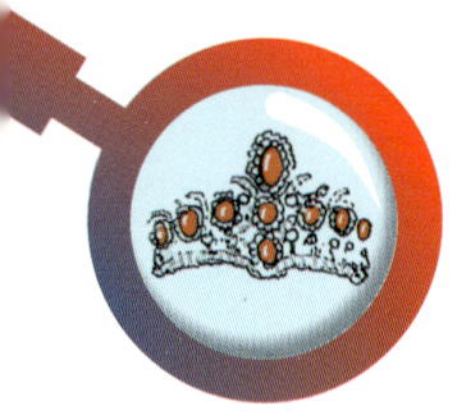

Chi ha rubato i gioielli della regina di Spagna?

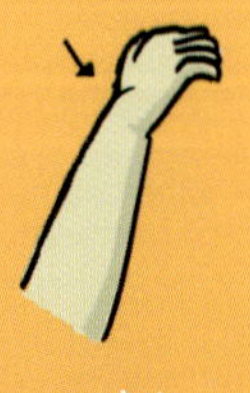

Per la prima volta i gioielli della regina di Spagna vengono esposti in un museo. Il giorno dell'inaugurazione sono accorsi molti visitatori per ammirare questa magnifica collezione. I diademi e le collane, ornati di diamanti, perle, smeraldi e rubini, brillano di mille luci. Ma, all'improvviso, scatta l'allarme e le porte si chiudono automaticamente in modo che nessuno possa sfuggire.

Qualcuno ha rubato i gioielli della regina! Grazie alle tue note capacità investigative, il guardiano del museo ti affida le indagini.

"A necklace and a diadem are missing. Please help us find them."

Le immagini delle telecamere di sorveglianza, viste dal guardiano, non mostrano mai il volto del ladro, ma lo si intravede soltanto. Tutto quello che ti può dire il guardiano è che:

The thief is wearing white shoes and has a watch on his right wrist.

Lo hai trovato? Non ti resta che ammanettarlo, ma dove sono i gioielli? Il ladro non ha nulla con sé e, non avendo più vie di fuga, ti confessa:

"The jewels are hidden in the vacuum cleaner."

Il museo può riaprire le sue porte e tu stai finalmente per ammirare i gioielli da vicino. Ma ecco che una guardia reale ti viene incontro: per ringraziarti la regina desidera invitarti a cena nel suo castello. Che opportunità!

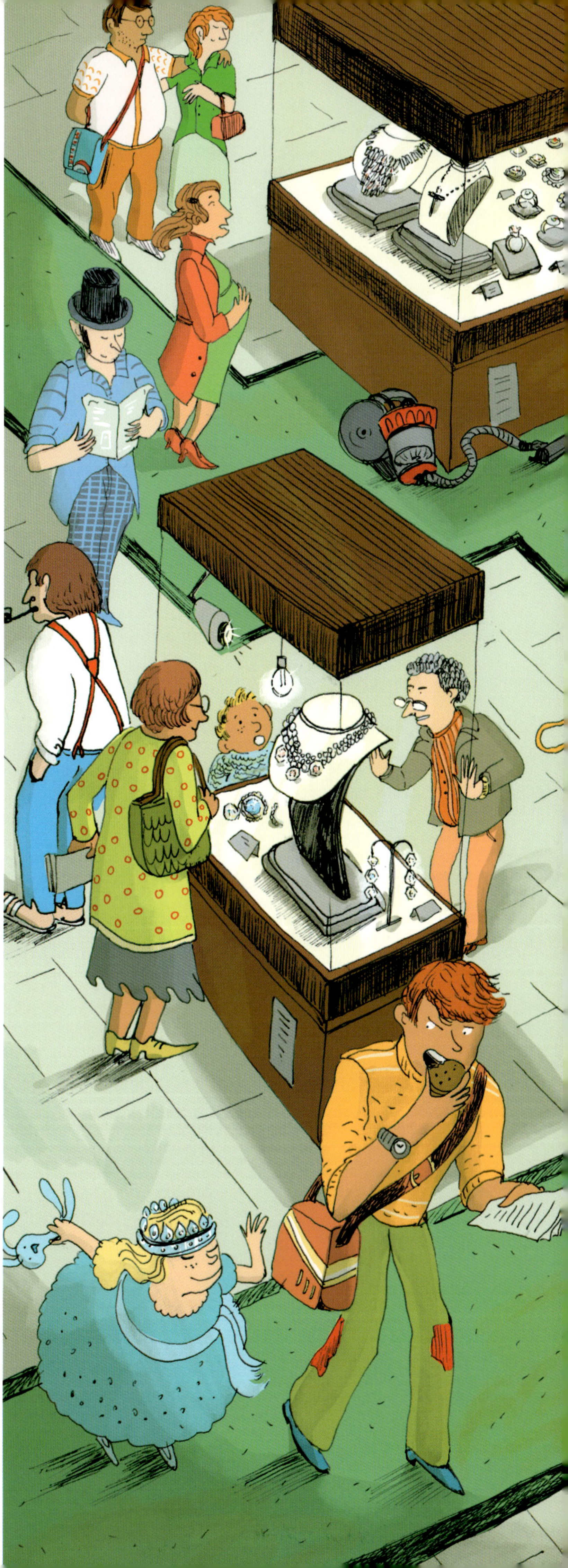

INDAGINE N° 4

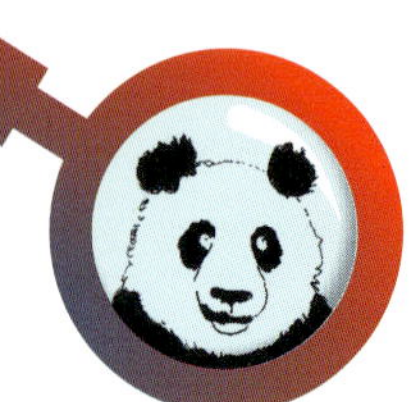

Dov'è finito il panda dello zoo di Pechino?

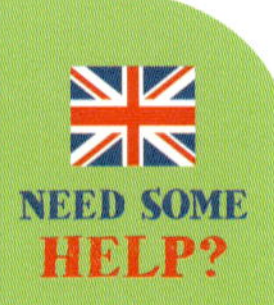

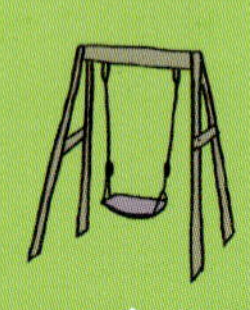

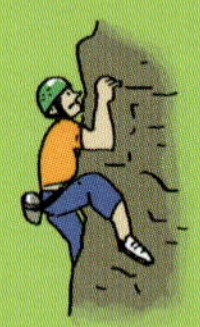

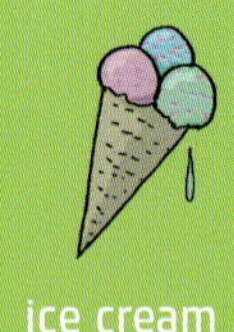

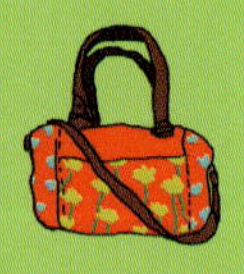

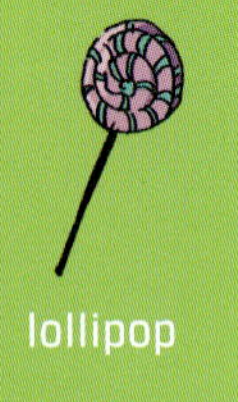

Lo zoo di Pechino è fantastico.
E il tuo desiderio più grande è andare a vedere i panda giganti. Questi enormi animali bianchi e neri vivono allo stato brado solamente in Cina. Il guardiano dello zoo spiega, in inglese, che Ping Ping, Chi Chi e Xing Xing sono stati i primi panda dello zoo e che sono arrivati nel 1955, mentre ti mostra i loro ritratti appesi alle pareti. Ecco come distinguerli:

Ping Ping is eating. Chi Chi is standing.
Xing Xing is sitting.

Li hai riconosciuti?

Oggi nel recinto ci sono diversi altri panda da individuare: Da Di, Jini e Meng Meng.

Da Di is playing on the swing.
Jini is eating bamboo.
Meng Meng is climbing on the platform.

Sono così carini! Però dovrebbero essere quattro... Il guardiano esclama:

"Where is Gu Gu?"

Il panda Gu Gu è fuggito di nuovo! Devi aiutare i guardiani a ritrovarlo. È facile, una signora ti fornisce gli indizi da seguire:

"Find an ice cream, a handbag and a man with an umbrella."

Ma dobbiamo guardare oltre. Per fortuna, il venditore di peluche ti dice che:

"Gu Gu is among the cuddly panda toys. He is holding a lollipop."

Ben fatto! L'hai trovato! Gu Gu raggiungerà i suoi amici nel recinto e tu potrai finalmente continuare la visita di questo gigantesco zoo, che ospita più di 450 specie.

NEED SOME HELP?

swing

to climb (climbed, climbed)

ice cream

handbag

umbrella

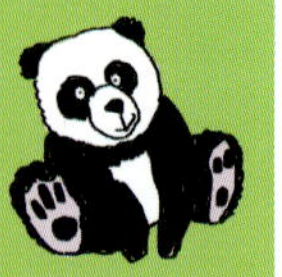

cuddly panda toy

lollipop

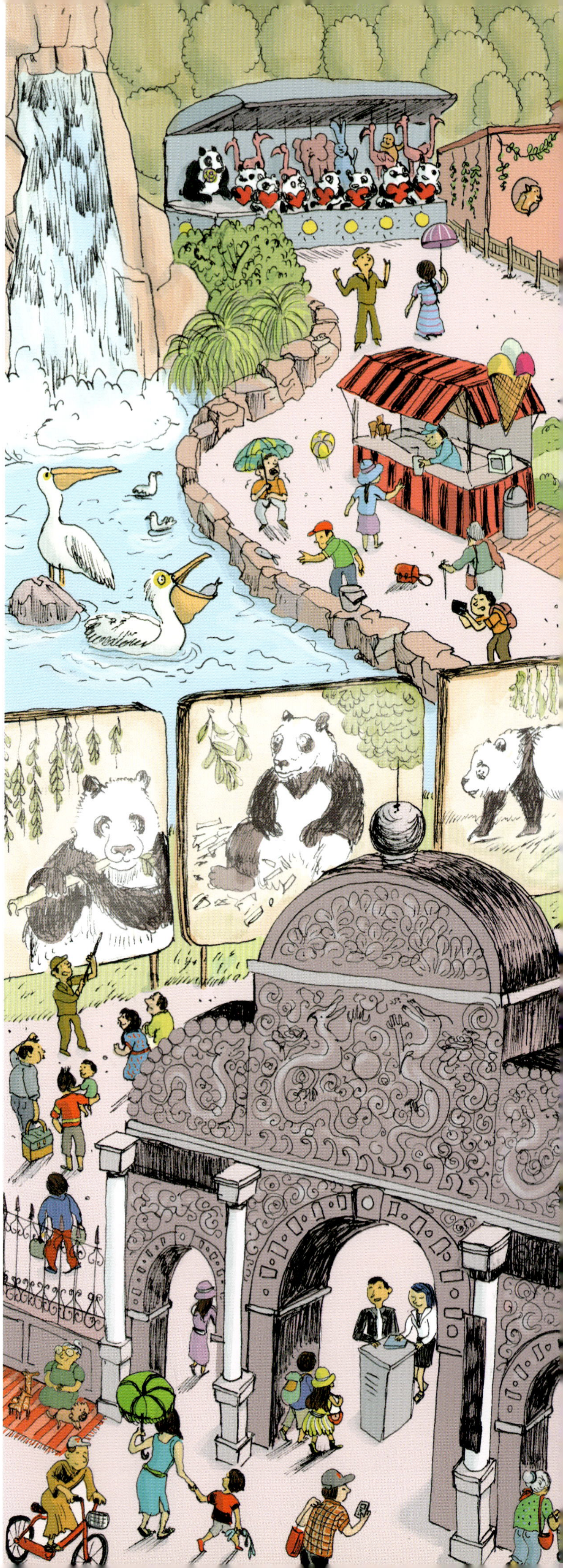

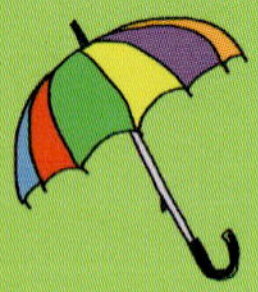

Mistero a Venezia

maskmaker

right

lamppost

nose

ginger

cat

to fall
(fell, fallen)

Che fortuna! Ti trovi a Venezia proprio durante il più famoso carnevale d'Italia. Il carnevale di Venezia si celebra da quasi 1000 anni e ogni anno vi partecipano milioni di persone provenienti dai quattro angoli del mondo. In questi giorni, per tradizione, tutti indossano una maschera, ma tu non ce l'hai e quindi chiedi a un uomo mascherato da uccello dove puoi trovarne una di buona fattura. Lui ti risponde che:

"My maskmaker is the best.
She makes all her masks herself.
She is near a lamppost."

Perfetto! È proprio quello che stavi cercando, ecco le informazioni che l'uomo ti da per riconoscerla:

"She is standing on the right side and is wearing a white mask with a long nose."

Grazie alla sua descrizione la riconosci subito, ma il problema è che lei non ha più nulla da vendere. Purtroppo, tutte le maschere che aveva davanti a sé sono sparite in un istante, come per magia. A quel punto un uomo interviene dicendo che:

"A ginger cat was chasing away a pigeon and pushed the masks into the canal. Luckily, the masks fell into a blue gondola!"

Sì, sono proprio le maschere che erano sparite e tu le hai ritrovate. Per aver risolto il mistero, la signora che le vende ti regala quella che ti piace di più…

Evviva! Il carnevale può iniziare!

Una sparizione nel Grand Canyon

tall

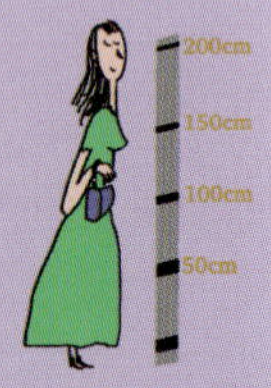

fair hair

jacket

shorts

cap

wife

to switch (switched, switched)

clothes

skirt

Che meraviglia il Grand Canyon! Il paesaggio scolpito dal tempo e il fiume Colorado sono incredibilmente belli. La vista ti sorprende per la sua immensità, ma proprio mentre te la stai godendo senti un gran trambusto alle tue spalle e un uomo che grida:

"Where is Sarah?"

Sua moglie è scomparsa, ma dove? Non può che essere in mezzo alla folla e allora decidi di aiutare il marito a ritrovarla. Ecco la sua descrizione:

**She is tall with fair hair.
She is wearing a yellow jacket,
white shorts and a blue cap.**

Ottimo, l'hai trovata facilmente, ma... sorpresa! Quando suo marito si avvicina esclama:

"She is not my wife!"

Cosa sarà successo? Perché questa donna indossa i vestiti di Sarah? Ti è venuta un'idea e spieghi:

"It is a joke! She switched clothes with your wife!"

Tu le chiedi dunque quale sia l'abbigliamento che sta indossando Sarah adesso e lei ti risponde:

**"Sarah is wearing a white cap,
a blue jacket and a white skirt!"**

Con questi nuovi indizi non ci metti molto a trovare Sarah tra la gente: stava aiutando un bambino a guardare il panorama, dimenticandosi totalmente di essersi scambiata i vestiti con la sua nuova amica per fare uno scherzo a suo marito. Il sole al tramonto proietta le sue ombre sulle rocce antiche di due miliardi di anni e ora anche tu puoi contemplare lo spettacolo del Grand Canyon.

Un grosso guasto alla metro di New York

delayed

breakdown

toolbox

trousers

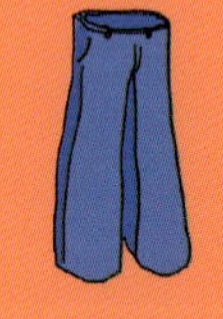

polo shirt

brown

screwdriver

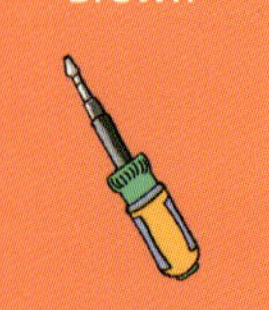

fire extinguisher

Impossibile visitare New York senza prendere la metro almeno una volta! È una delle più estese del mondo e funziona tutto l'anno... giorno e notte, senza interruzioni! Per questo è il mezzo di trasporto più utilizzato a New York... tranne oggi: i convogli sono fermi e si sentono gli altoparlanti gracchiare:

"All trains are delayed. We have a major breakdown."

Le banchine sono già piene, bisogna fare qualcosa! Cosa farebbe a questo punto un detective degno del suo nome? Andrebbe a parlare con il conducente. Ben fatto! Ecco cosa ti spiega:

"I can not repair the train because someone has stolen my toolbox!"

Grazie al tuo occhio da detective puoi trovare il ladro. Il conducente lo ha visto scappare e te lo descrive così:

"He is wearing blue trousers and a white polo shirt. He has brown hair."

È lui! L'hai trovato in tempo, stava per sgattaiolare via verso l'uscita, ma manca un utensile fondamentale per riparare il convoglio. È caduto al ladro mentre scappava e un passeggero lo ha visto:

"The screwdriver is under the fire extinguisher."

Ottimo! Grazie a te il conducente può riavviare la metro in un attimo. Dopo tutto questo tempo trascorso nel sottosuolo, adesso puoi goderti New York e i suoi grattacieli!

TRAINS DELAYED
2019

Panico a Rio

to run
(ran, run)

drum

to find
(found, found)

float

mermaid

snake

silver

headdress

feathers

Arrivando a Rio non avrai che un'idea in testa: assistere alle sfilate delle scuole di samba durante il carnevale! Dall'alto di una tribuna stai ammirando lo spettacolo grandioso e colorato, la musica e le danze fanno vibrare gli spalti a ritmo di samba, quando all'improvviso tutto si interrompe e i ballerini si mettono a correre.

Ma cosa succede? Ti avvicini e chiedi in inglese a un musicista perché abbia smesso di suonare. Lui ti risponde:

"People are running everywhere, I do not know why but I lost my drum. Can you help me find it?"

Ma sicuro! Con il tuo occhio da investigatore non ci impiegherai molto a ritrovarlo e gli dici:

"Your drum is just below the float with a mermaid on it."

Più cammini e più vedi che le persone sono nel panico. Una ballerina ti prende per un braccio e ti dice qualcosa in brasiliano, ma dato che non hai capito nulla, te lo ripete in inglese:

"Help! There is a very big snake! Can you see it? It is near a dancer wearing a silver dress and a headdress with blue feathers."

L'hai trovato? Complimenti! Dal momento che non hai paura di nulla, acchiappi il serpente e lo chiudi nella scatola vicino agli spalti: con un applauso generale la sfilata può riprendere. Buon carnevale!

RIO

Intrigo sulla piazza Rossa

spy

flag

ice rink

binoculars

sunglasses

jacket

suit

tree

Com'è bella Mosca con la sua meravigliosa piazza Rossa delimitata da una chiesa, un centro commerciale, una fortezza, un museo e un mausoleo. Quest'inverno vi è stata montata proprio nel mezzo un'enorme pista di pattinaggio sul ghiaccio. Il tuo occhio da investigatore ha notato qualcosa per terra… è un biglietto da visita:

James Strong, British Secret Agent

Poi senti una voce che proviene da un minuscolo altoparlante che ti è stato nascosto a tua insaputa nel colletto.

"My name is Strong, James Strong. Help me, please."

Ti spiega che un agente russo deve consegnargli dei documenti segretissimi, ma che delle spie svizzere, travestite da turisti, lo stanno pedinando. Vogliono impedirgli di portare a termine la sua missione per vendetta. Perché? Perché il giorno prima un agente segreto britannico li ha battuti a carte. Bisogna trovarli in fretta, per evitare che si impossessino dei documenti. James Strong ti aiuta a identificarli:

"One spy is holding a red flag. One has fallen on the ice rink. Another is looking through binoculars."

Perfetto! Sai esattamente dove sono le spie. L'altoparlante nel tuo colletto gracchia di nuovo comunicandoti altre istruzioni per trovare l'agente russo con i documenti:

"She is wearing sunglasses and a green jacket. She is skating with an envelope in her hand."

Ben fatto! L'hai trovata, non ti resta che consegnare i documenti a James Strong, che ti dice:

"I am wearing a black suit. I am hiding behind a tree."

Missione compiuta! Grazie a te James Strong ha i documenti in mano e finalmente puoi divertirti a pattinare.

James Strong –
British Secret Agent

Il tesoro perduto di Gerusalemme

NEED SOME HELP?

uniform

to hold (held, held)

handkerchief

hammer

sandals

to carry (carried, carried)

planks

box

shipment

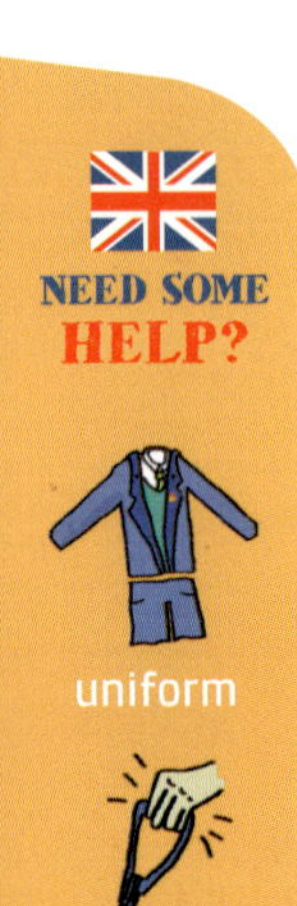

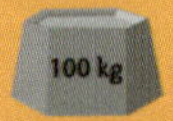

heavy

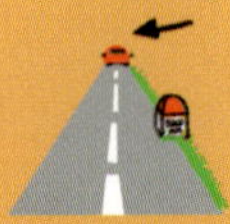
far

Gerusalemme è una città importante per la religione ebraica, cristiana e musulmana. Stai approfittando del tuo soggiorno in Israele per visitare la Chiesa del Santo Sepolcro che, secondo la tradizione cristiana, ospita appunto la tomba di Cristo e molti tesori unici al mondo. I re più importanti d'Europa hanno elargito generose e sontuose donazioni a questa chiesa. Proprio oggi però vi è un dramma in atto: parte del tesoro del Santo Sepolcro è scomparso! Per condurre le indagini devi prima trovare il capo della sicurezza e un guardiano te lo descrive così:

"He is wearing a grey uniform and is holding a white handkerchief."

Lui ti spiega che una parte del tesoro doveva essere temporaneamente prestata a un museo. Due falegnami erano arrivati lì per costruire una cassa di protezione, ma il capo della sicurezza si era assentato un momento per andare in bagno e al suo ritorno erano spariti sia il tesoro che i falegnami: saranno stati loro a rubare il tesoro?

One is very short and is holding a hammer. The other one is wearing sandals and is carrying planks.

Li hai trovati? Benissimo. Ma del tesoro non vi è traccia, infatti ti spiegano che:

"We put the treasure in a big wooden box for shipment."

Loro si erano allontanati solo qualche minuto per andare a prendere delle assi di legno e dei chiodi sul furgone.

The box is very heavy so it cannot be too far!

Ma guarda! Il tesoro era proprio lì accanto! Alcuni turisti ci si erano seduti sopra, ma in realtà non era mai stato spostato dal Santo Sepolcro. Fortunatamente tutto torna alla normalità e tu puoi proseguire la tua visita della città.

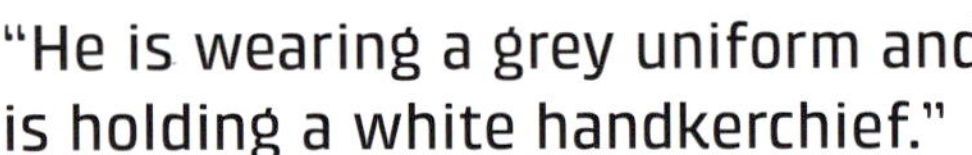

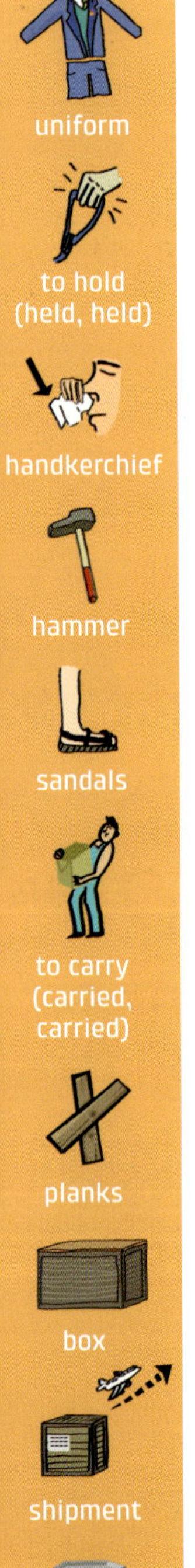

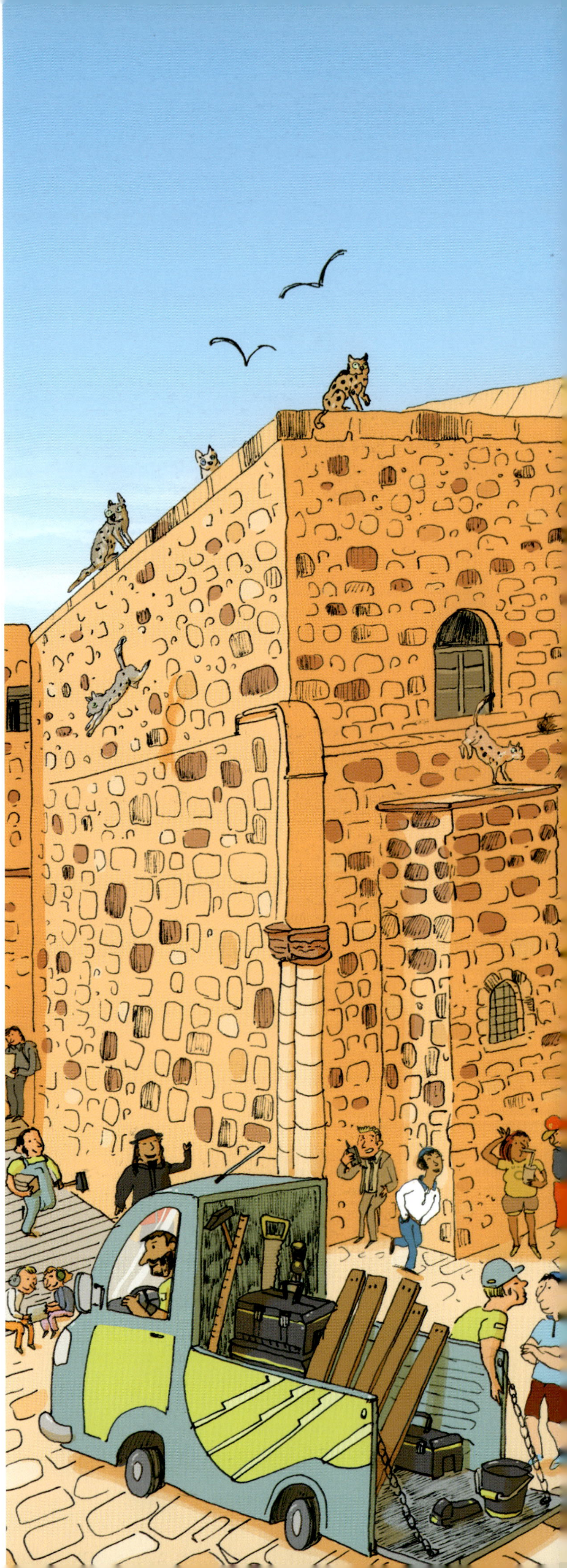

Incursione a Marrakech

NEED SOME **HELP?**

thief

gun

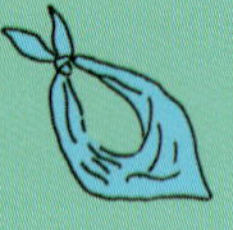

money

scarf

stripes

bag

down

street

Oggi la tua corrispondente di Marrakech si è offerta di accompagnarti nel suk.
Si tratta di un tradizionale mercato che si svolge nella medina, la parte antica della città, dove si può trovare di tutto: gioielli, vasi, tessuti, profumi…

All'improvviso si sentono delle urla e la tua corrispondente, con la quale parli in inglese, te le traduce:

"Stop the thief! Stop the thief!"

La tua corrispondente allora chiede a un mercante che sta urlando che cosa sia successo:

"A man with a gun! He stole all my money and a blue scarf!"

Strano! Ma che aspetto aveva esattamente questo ladro? Sembra facile da riconoscere:

He is wearing a t-shirt with red and white stripes.

Ti ricorda casualmente qualcuno… è possibile che tu l'abbia già incontrato? Il ladro deve certamente nascondersi tra la folla!
Il commerciante si ricorda di un altro particolare importante:

"He put the money in a black bag."

Ecco l'indizio che ti mancava! Con il tuo occhio di lince lo troverai facilmente, vero? Ben fatto!
Ora avvisi un agente di polizia:

"The thief is down the street!"

Il ladro viene immediatamente arrestato e il commerciante, per ringraziarti, ti offre un tè alla menta e dei tipici dolcetti al miele, poi prosegui la tua visita del suk.

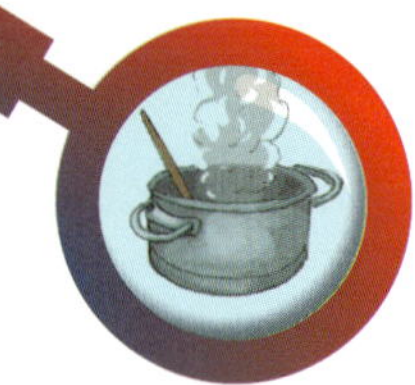

Giallo a Dakar

NEED SOME HELP?

spices

to weigh (weighed, weighed)

recipe

apron

scale

to lose (lost, lost)

frying pan

Oggi fai parte di una giuria che dovrà stabilire il miglior "bassi salte" di Dakar. Si tratta di un piatto tradizionale senegalese a base di cuscus (semola di grano), verdura e carne: una vera delizia.

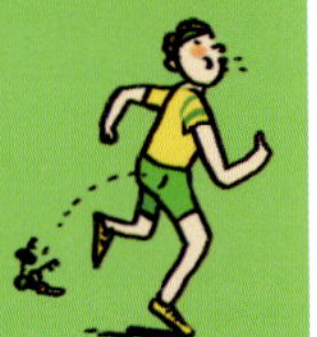

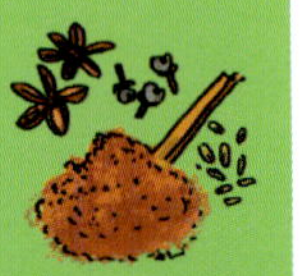

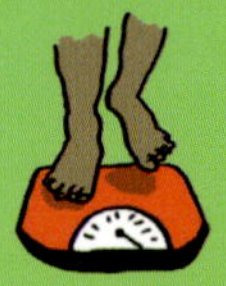

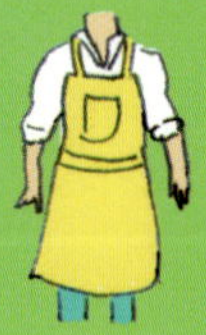

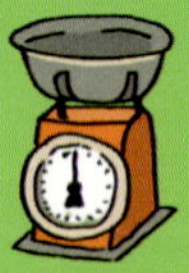

Il concorso sta per iniziare ma Amadou, il campione dello scorso anno, sembra sconvolto: qualcuno ha rubato la sua ricetta segreta. Amadou parla wolof, una delle tante lingue del paese, e anche inglese e sta per spiegare cos'è che rende speciale la sua ricetta:

"I mix twelve different spices. And each spice must be accurately weighed for this recipe."

Bisogna aiutarlo! Tutti i concorrenti sono ovviamente sospettati e il colpevole è di certo uno di loro. È facile da individuare:

He is wearing a white apron.

Amadou pensa a un dettaglio che potrebbe aiutarti a trovare il ladro della ricetta:

"He needs a scale to make my recipe!"

Complimenti! Sei riuscito ad acchiapparlo e ora ti spiega le ragioni del suo gesto:

"I have already lost three times! I want to win and Amadou is always the best."

Ma dov'è la ricetta?

The recipe is under the frying pan.

Grazie a te il concorso può iniziare. Il ladro della ricetta è squalificato e non potrà più presentarsi fino al prossimo anno. Per consolarlo, Amadou gli prepara un piatto di bassi salte: non per fargli un dispetto, ma perché questo piatto è molto più buono se viene condiviso!

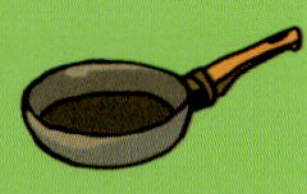

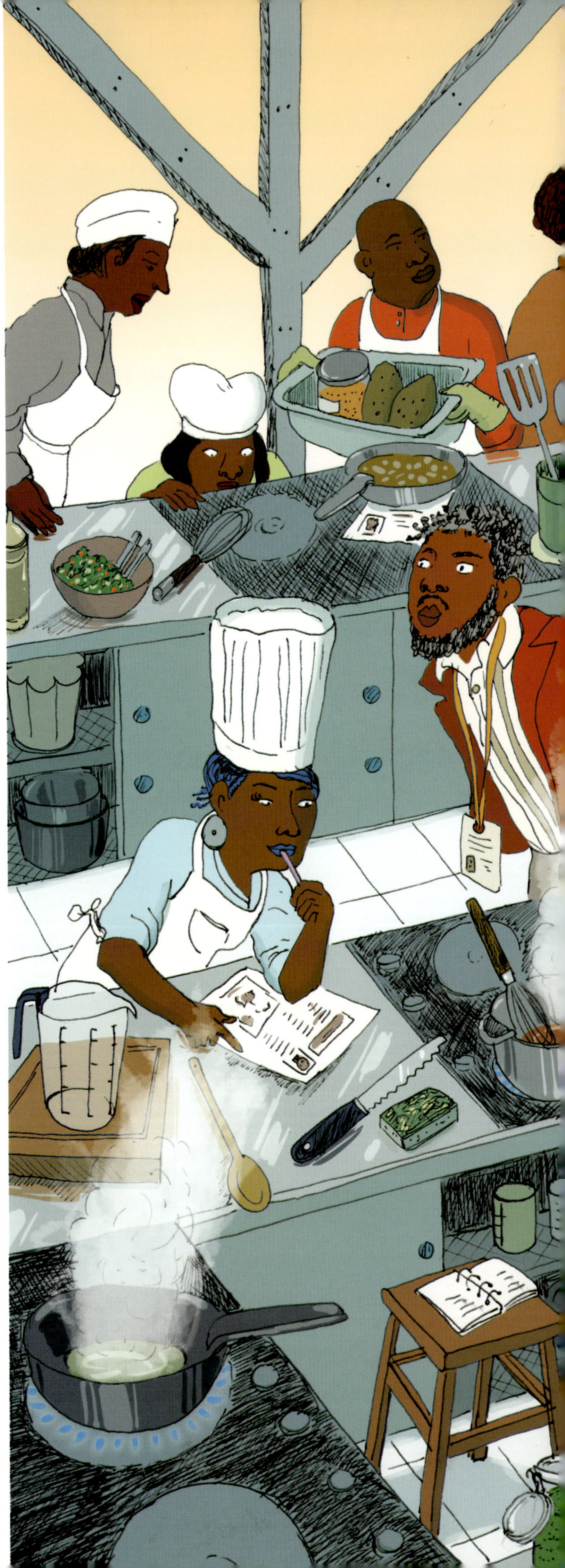

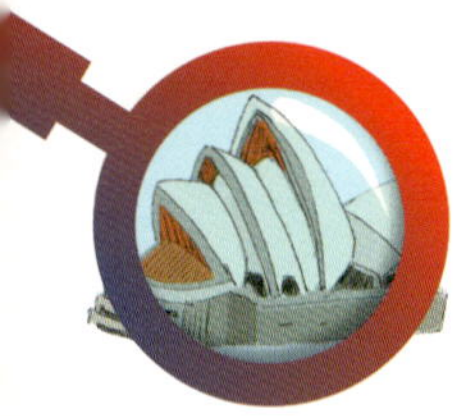

Misterioso furto al teatro dell'opera di Sidney

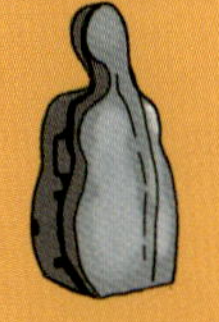

Stai per trascorrere la serata a Sidney, la più grande città dell'Australia! Hai ricevuto un invito per un concerto che si terrà al celebre teatro dell'opera, simbolo della città. La sala è piena e mentre stai ammirando uno dei più grandi organi a canne del mondo, la direttrice d'orchestra annuncia:

"I'm really sorry but we have to cancel the concert! We have lost all our scores!"

Che disdetta! È a dir poco bizzarro, gli spartiti non possono certo scomparire per magia. Bisogna investigare. Alla tua domanda "Chi ha visto gli spartiti per l'ultima volta?", la direttrice d'orchestra risponde:

"All the scores were on the music stands. When I went backstage, only a cellist and a flautist were on the concert platform."

Forse le due musiciste hanno potuto vedere qualcosa? Interroghi la violoncellista, per sapere che cosa ha fatto sul palco:

"I put my cello in its case and went backstage."

Quanto alla flautista, ti risponde:

"I waited on stage but there were no scores on the music stands."

È impossibile! Una delle due musiciste sta mentendo. All'improvviso noti un dettaglio: la flautista non si è mai mossa dalla sua sedia. Ecco la soluzione:

"She is sitting on the scores!"

Grazie al tuo talento, anche se con un po' di ritardo, il concerto può finalmente iniziare, ma senza la flautista. Il suo tentativo di far annullare la rappresentazione era infatti motivato dalla poca preparazione: la paura di rendersi ridicola le ha fatto perdere la testa! Ma con il tuo intervento hai fermato il suo piano e la musica può ora riempire questa magnifica sala. Buon concerto!

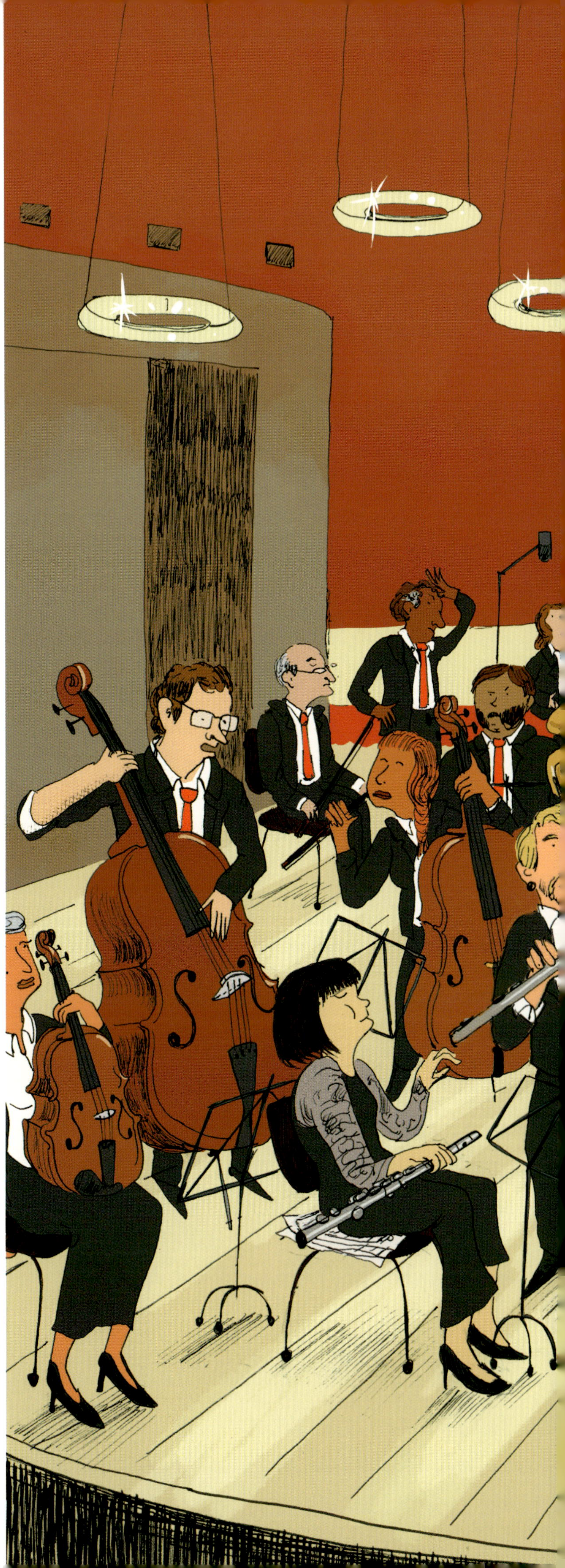

Terremoto a Katmandu!

water bottle

to drop
(dropped, dropped)

keys

to take
(took, taken)

handbag

tail

monkey

stool

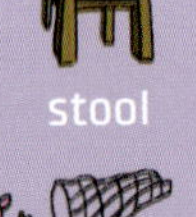

to grab
(grabbed, grabbed)

roof

Prima di scalare l'Everest, la montagna più alta del mondo, hai deciso di visitare Katmandu, la capitale del Nepal. E ne hai tutte le ragioni! La città antica è magnifica, con tutti i suoi templi. Mentre stai acquistando della frutta al mercato, una leggera scossa smuove la piazza: è normale in questa regione, in cui i terremoti sono frequenti. Un uomo è seccato perché ha perso qualcosa:

"Where is my water bottle?"

Un'altra persona si gratta la testa ed esclama:

"I dropped my keys."

Guardando bene vicino a loro, non farai certo fatica a ritrovare quel che stanno cercando. Ed è allora che una turista si rivolge a te dicendo:

"A dog took my handbag. Please, help me find it!"

Strano, ma ritrovare il ladro non dovrebbe presentare troppi problemi, soprattutto dal momento che la turista ha notato un dettaglio di grande importanza:

"The dog does not have a tail!"

Ecco, l'hai trovato, ma com'è possibile! Non c'è nulla vicino a lui. In quel momento un commerciante ti dice ciò che ha visto:

"A monkey jumped up on the stool and grabbed the purse!"

La situazione si complica! Dove si sarà nascosta la bricconcella? Fortunatamente, il commerciante precisa:

"Look up, on the roof, near the pigeons!"

Finalmente l'hai individuata e capisci perché gli animali fossero attratti da questa borsetta: era piena di tavolette di cioccolato! L'indagine è risolta, ora puoi riprendere la visita prima di partire per l'Himalaya.

Bloccati al largo di Ushuaia

Benvenuti a Ushaia! Questa città argentina è la più meridionale al mondo ed è il porto di partenza di numerose spedizioni in Antartide, ma tu preferisci visitare l'isola Martillo e le sue colonie di pinguini. Al momento di ripartire, la barca non si mette in moto. Il capitano controlla il motore:

"It is sabotage! Someone cut through the cable!"

Ma chi potrebbe essere stato? È sciocco, perché così sono tutti bloccati sull'isola! Un passeggero che ha visto tutto, ti spiega:

"A fisherman was cutting his line and accidentally cut through the cable!"

Il pescatore non è difficile da individuare: ha il berretto blu e i guanti rossi. Ma questo non risolve il problema, bisogna trovare una soluzione per riparare il cavo! Il capitano dice:

"I need sticky tape to fix the cable."

A quel punto una giovane donna ti racconta di aver visto qualcuno con del nastro adesivo, poco prima sulla barca.

"He is wearing a blue beanie and he used sticky tape to fix his kite."

Lo hai trovato? Bene! Il capitano può riparare la barca, ma che succede? Perché è ancora di cattivo umore? Nel trambusto ha perso il suo cappello.

"I left it on the seashore, and now I can not find it."

Riesci a vederlo?

Per farsi perdonare, il pescatore invita tutti a bere una buona cioccolata calda, una volta rientrati a Ushuaia. Come rifiutare una proposta così allettante…

Tokyo è rimasta al buio

screen

worker

manhole

to unplug (unplugged, unplugged)

light

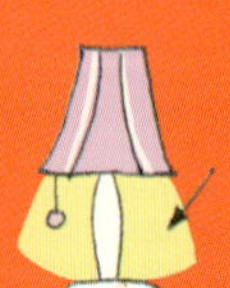

electrical outlet

lamppost

hoodie

Akihabara è uno dei quartieri più vivaci di Tokyo, la capitale del Giappone. È qui che hai deciso di fare shopping prima di tornare a casa: quando giunge la sera, le luci trasformano tutto quanto in un incanto. Ma cosa sta succedendo? Mentre stai per entrare in un negozio di manga, moltissime luci improvvisamente si spengono! Ti avvicini allora a un agente di polizia per saperne di più e lui ti spiega che:

"The screens and illuminated signs have gone out!"

Guardati intorno, ci deve senz'altro essere una spiegazione per questo blackout. Un passante ti indica:

"Look! A worker is coming out of a manhole."

Ad un tratto, un commerciante si precipita fuori dal suo negozio urlando e protestando in modo che tutti potessero sentirlo. L'agente allora traduce per te:

"Someone has unplugged the lights. Again!"

Ma dove si trovano i quadri elettrici? Basterà ricollegarli. Oggi è il tuo giorno fortunato, non sono lontani!

The electrical outlets are near the lamppost on the left side of the street.

Cercandoli, trovi rapidamente il responsabile dell'interruzione di corrente! Invece di avvicinarti direttamente al colpevole, lo segnali all'agente insieme al motivo del suo atto:

"The man with a hoodie unplugged the screens to charge his phone. He is over there."

Pochi minuti dopo, le luci si riaccendono. Ora devi sbrigarti a terminare i tuoi acquisti, perché domattina presto hai il volo che ti riporterà a casa. Dopo questo giro del mondo, ti meriti un po' di riposo. Buon rientro!

カマジオンゲ
カド☆☆デン
秋山新奏